SEELENWASSER

ausgewählte Gedichte

2005 - 2015

Gewidmet meinen Kindern
Philipp und Pascal

Danke an alle die mich inspiriert haben,
Familie sowie Freunde,
vor allem an meine Muse am Neckar

Maureen Böhnstedt

SEELENWASSER

Ausgewählte Gedichte

Herstellung und Verlag:
BoD-Books on Demand, Norderstetd
ISBN: 978-3-7431-5119-2

Ich bin . . .

Ich bin ein Krieger
in meiner eigenen Welt
Nie ein Sieger
der das Schwert oben hält

Ich bin ein Held
der nicht kämpfen mag
Ich bin ein Kind der Welt
weil ich lieber zu leben wag

Ich bin ein Verlierer
weil ich nicht eurem Ideal entsprech
Und doch ein Sieger
weil ich mich mit Worten räch

Ich bin ein Außenseiter
weil ihr es aus mir macht
Bin kein Streber auf der Leiter
sondern ein Träumer der Nacht

Ich bin ein Dieb der Zeit
weil ihr sie mir rauben wollt
Ich bin die Heiterkeit
die über euer Leben rollt

Ich bin ein Wahrsager
weil es das einzigste ist was zählt
Ich bin kein Jasager
zudem ihr mich wählt

Ich bin ein Gewinner
weil ich verstanden hab worum es geht
Ich bin kein Spinner
weil mein Leben sich nicht nur ums Geld dreht

Ich bin ein Verehrer
des Lichts und der Finsternis
Ich bin kein heißer Feger
und das macht auch nichts

Ich bin eine Frau ohne Zigarette
zu der sich mancher gern gesellt
Ich bin keine Marionette
mit der ihr spielen könnt wie es euch gefällt

Ich bin im Wahnfieber
also passt auf wenn ihr neben mir steht
Ich bin kein Dealer
wenn es um die Liebe geht

Ich bin ein Mensch
der Ruhe und Frieden braucht
Ich bin kein Gottesgeschenk
denn auch ich fühl mich ausgelaugt

Ich bin nicht Atlas der Göttersohn
der die Welt für euch in Händen hält
Ich bin ausgesetzt eurem Hohn
der mich manchmal an die Wand stellt

Ich bin ein Dichter der Neuzeit
und jongliere mit Wortfetzen
Ich bin weder Hass noch Leid
die euch will verletzen

Ich bin manchmal eine Emanze
keiner darf sich über einen anderen erheben
Und auch manchmal eine zierliche Pflanze
die Liebe und Wärme braucht zum leben

Ich bin ein Stern am Himmelszelt
die über deinen Schlaf wacht
Ich bin kein It-Girl aus der Medienwelt
die nichts aus ihrem Leben macht

Ich bin kein Wunderheiler
doch sehe das Leben als Wunder an
Ich bin kein Verweiler
der lange an einem Platz sein kann

Ich bin ein freier Wähler
und halte meine Freiheit in Ehren
Bin kein brutaler Schläger
kann mich aber trotzdem währen

Ich bin ein kleiner Schreiber
der nicht immer auf seine Worte acht
Ich bin kein Neider
auf Konsum und Macht bedacht

Ich bin ein Seiltänzer und Akrobat
der die Balance zu halten versucht
Bin nicht weich, sondern manchmal auch hart
weil das Leben nicht immer nach einem ruft

Ich bin ein Überflieger
wenn man es im positiven nennt
Ich bin kein Indianer
der keinen Schmerz kennt

Ich bin ich
manchmal hell wie das Licht
manchmal verschwommen die Sicht
doch unterkriegen lass ich mich nicht

Ying und Yang des Lebens

Du wirst im Leben Tage des Glücks und der Freude erleben,
doch wird es auch traurige und schlechte Tage geben.

Dein Leben wird nicht immer in geraden Bahnen verlaufen,
sondern es werden auch Ecken und Kanten auftauchen.

Du wirst gute und schöne Erfahrungen machen in dein Leben,
aber auch erfahren, dass es schlechte gibt und sie hinnehmen.

Regen und Sturm werden dir die Sicht für das Wichtige versperren,
doch die Sonne und der Frühlingswind werden zu dir zurück kehren.

Ich kann nicht jede Träne aus deinem Gesicht streichen,
kann die Kanten, die du streifst nicht immer abschleifen.

Werde nicht immer an deiner Seite stehen,
und kann nicht jeden Weg mit dir gehen.

Doch meine Liebe sei dir stets gewiss,
sie wird dich begleiten, egal wo du bist.

Ich höre dir zu, wenn du Kummer und Sorgen hast
und in meinem Herzen ist immer für dich Platz.

Wenn du mich brauchst werde ich für dich da sein,
und du kannst dich in meinem Schoß auswein.

Die Welt ist nicht immer nur Ying , glaub mir,
sie ist auch immer Yang, vertrau mir.

für Philipp

Unser Geschenk an dich

Wir schenken dir ein Herz,
und wünschen uns das es einst gütig sein wird

Wir schenken dir zwei Hände,
und bringen dir bei nach dem Guten zu streben

Wir schenken dir einen Mund,
und helfen dir dabei die Wahrheit zu sprechen

Wir schenken dir zwei Füße,
und zeigen dir, wie man auf ihnen durch die Welt geht

Wir schenken dir zwei Augen,
und erklären dir, dass man sie nie verschließen darf

Wir schenken dir ein Rückgrat,
und beweisen dir, dass man immer aufrecht stehen kann

Wir schenken dir eine Seele,
und beten, dass du ihr treu bleibst

Wir schenken dir zwei Ohren,
und lehren dich, anderen zuzuhören

Wir schenken dir Gefühle,
und achten darauf, dass du die Fähigkeit menschlich zu
sein nicht verlierst

Wir schenken dir die Sprache,
und zeigen dir, dass sie besser ist als die Fäuste

Wir schenken dir Kraft,
und hoffen, dass du sie nie verlierst und aufgibst

Wir schenken dir all unsere Liebe,
und wünschen uns das auch du deine Liebe verschenken wirst

Wir schenken dir das Leben,
und wissen, dass du dieses und jedes andere achten wirst

für Philipp

Meine Liebe für dich

Egal wo deine Füße dich hintragen,
nach was deine Hände greifen
Egal was deine Ohren hören,
dein Mund redet
Egal für wen dein Herz schlägt,
was deiner Seele gut tut
Meine Liebe wird dich immer begleiten,
wird dir zuhören, zu dir sprechen
Meine Liebe wird dein Herz wärmen,
deiner Seele den rechten Weg zeigen
Und sollten deine Füße müde sein,
deine Hände nicht wissen wonach sie greifen sollen
Sollten deine Ohren taub,
und dein Mund stumm sein
Sollte dein Herz gebrochen werden,
und deine Seele schmerzen
So bin ich da
Laufe und greife für dich
Höre und rede
Stehe hinter dir,
neben dir
Und meine Liebe wird dich einhüllen
Bis du wieder du bist.

für Pascal

Mein Engel

Wenn ich dich abhole
Du über dein ganzes Gesicht strahlst
Über den Quatsch deines Bruders herzhaft lachst
Luftgitarre spielst
Ist es das größte Glück für mich
Wenn du eine Katze siehst und miaust
Einen Schmetterling hinterherläufst
Versuchst ein Gänseblümchen zu pflücken
Oder einfach nur in die Luft guckst
Ist es das größte Glück für mich
Ruhe und Frieden ergreift mein Herz
Wenn deine Hand sanft über meine Haut streicht
Du nach mir rufst, Dich in meine Arme wirfst
Dein Köpfchen an meiner Brust ruht
Ist es das größte Glück für mich
Ruhe und Frieden ergreift mein Herz
Und ich spüre die reinste Liebe die es gibt
Wenn ich dich beim schlafen beobachte
Dich in meinen Arm wiege, sanft streichle
Und eine Träne über meine Wange rollt
Ist es das größte Glück für mich
Ruhe und Frieden ergreift mein Herz
Und ich spüre die reinste Liebe die es gibt
Die Liebe meines Kindes

für Pascal

Steh drüber

Es wird immer einen geben, der gemein ist zu dir
Einen geben der nicht mit dir spielen will
Steh drüber
Hebe deinen Kopf
Und lächle
Es wird immer einen geben, der falsche Sachen erzählt
Einen geben der es nicht gut mit dir meint
Steh drüber
Hebe deinen Kopf
Und lächle
Es wird immer einen geben, der dich nicht beachtet
Einen geben der neidisch ist
Steh drüber
Hebe deinen Kopf
Und lächle
Es wird immer einen geben, der dich runter zieht
Einen geben der dich belügt
Steh drüber
Hebe deinen Kopf
Und lächle
Es wird immer einen geben der dich beschimpft
Einen geben der dich zum weinen bringt
Steh drüber
Hebe deinen Kopf
Und lächle

Aber es wird auch immer einen geben der dich liebt
Einen geben der zu dir steht
Es wird einen geben der nur das Beste für dich will
Einen geben der mit dir gemeinsam den Weg geht
Immer wird es einen geben der dich stärkt
Einen geben der deine Tränen trocknet
Auch wird es immer einen geben der dich zum lachen bringt
Einen geben der dich kennt
Es wird einen geben der dir in schweren Zeiten hilft
Und immer wieder einen der dich liebt wie du bist
Also steh drüber
Hebe deinen Kopf
Und lächle

für Philipp

Worte von Dir

Worte
die ich fühlen kann.
Spürbar bis unter die Haut.
Mit denen ich wegfliegen kann.
Ein Lächeln in mein Gesicht zaubern
und mir manchmal eine Träne entlocken.
Die mein Herz und meine Seele berühren.

Worte
die uns zusammen brachten.
Durch die wir uns kennen lernten
und die uns verbinden.

Einfach nur Worte
die mein Leben verändern.

für Steven

Fünftausend Euro

Die Wut wächst in meinem Bauch
Was für ein System?
Was für Gesetze?
Fünftausend Euro
Für zerstörte Kinderseelen
Geschundene Körper
Kein Geld der Welt kann das wieder gut machen
Fünftausend Euro
Für jemanden der monatlich mehrere tausend Euro
verdient
Was für ein Hohn für die Opfer
Lächerlich
Gerade zu einladend für weitere Täter
Fünftausend Euro
Und es wird weiter gemacht
So viele die von dem Geschäft mit Kindern verdienen
Sie sind nicht zu kriegen
weil der Politik die Ressourcen fehlen
Doch die Verlierer sind die Kinder
Fünftausend Euro
Ich schenk sie euch
Wenn die Kinder dafür ihre Freiheit bekommen
F Ü N F T A U S E N D
E U R O

Nachts

Noch immer wandle ich nachts durch die leeren langen
Flure.
Die Luft ist getränkt mit Desinfektionsmittel und dem
Kummer der Mütter
Eigentlich ist es still.
So still, dass man eine Stecknadel fallen hören könnte.
Doch wenn man genau hinhört, hallt von den Wänden
das Weinen und Schreien der Kinder.
Die Gebete und Fragen der Mütter.
Das Fluchen der Väter.
Die Bilder an den Wänden kennen alle Kinder und ihre
Schicksale.
So viele schlimme Geschichten.
Sie sehen die Sorgen, Ängste aber auch Hoffnungen.
Und ich sehe immer wieder die gleichen Bilder.
Mein kleiner Junge mit so viel Angst in den Augen.
So vielen Fragen auf der Zunge.
Und soviel Ablehnung in seinem Verhalten.
Ich fühle die gleichen Schmerzen.
Im Herzen und in der Seele.
Würde alles auf mich nehmen.
Und dieselbe Angst durchströmt meinen Körper.
Angst wie es weitergehen soll.
Ob es jemals wieder wird wie früher.
Und ob er je wieder lachen wird.

Und dann.....
Wach ich auf.
Doch es war nicht nur ein schlechter Traum.
Diese langen leeren Flure existieren und alles andere auch.
Es ist die Wirklichkeit.

Wenn alle schlafen

Wenn nachts die Lichter ausgehen
Die Straßen sich leeren
Alle Geschäfte Ruhe haben
und die Stadt endlich schläft
Liege ich wach in meinem Bett
Eigentlich müde und erledigt vom Tag
Aber der Schlaf will sich bei mir nicht einstellen
So viele Gedanken halten mich wach
Gedanken die nicht verschwinden wollen
Die raus wollen aus meinem Kopf
Sich sonst breit machen auf meiner Seele
und sie schwarz anmalen würden
Egal ob es um die verhasste Krankheit geht
oder Metaphern über Flugzeuge
Manchmal sind es auch Wortspiele
die in meinem Kopf umher geistern
Erst wenn jedes einzelne Wort Platz auf dem Papier
gefunden hat
Lassen die Gedanken mich in Ruhe schlafen
Jedenfalls für diese eine Nacht
Morgen wenn die Lichter ausgegangen
und die Straßen leer sind
Die Geschäfte Ruhe haben
und die Stadt endlich wieder schläft
Kommen sie wieder
und wieder   und wieder   und wieder

Und dann ....

Noch immer blutet mein Herz
wenn ich dich im Geiste sehe
Du bist so groß
und in deiner Kluft wie eine Erscheinung

Die Tränen brennen sich in meine Wangen
wenn ich an diesen einen Tag denke
Dieser eine Tag
der alles veränderte in meinem Leben

Meine Seele schreit nach dir
weil sie dich so sehr vermisst
Du bist in mein Leben getreten als es in Scherben lag

Noch immer klingen deine Worte in meinem Ohr
Der Schelm in deiner Stimme
Und das Säuseln eines Verliebten

Und dann ....
steht die Welt auf einmal still
Keine Autos sind zu hören
Kein zwitschern
Kein Atemzug
Du bist gegangen
Unfreiwillig
Aber für immer

Und dann ....
Ist der Augenblick vorbei
Die Welt fängt wieder an sich zu drehen
Viel zu schnell
Einfach so
Ohne dich
Als würdest du nicht fehlen

Doch meine Welt
steht immer mal wieder still
Jedes mal wenn ich an dich denke
Dich im Geiste sehe
Der Wind deine Stimme zu mir weht
oder der Regen deine Tränen auf die Erde fallen lässt

Und dann ....
Steh ich still
Denke an dich
Lächle zu dir hoch
und eine Träne kullert zu den deinen auf die Erde
Bis meine Welt sich wieder weiter dreht
Weil mein Philipp "Mama" ruft

für Philipp Rothe

Zu viel

Zu viel lifestyle
Hip sein
Face booken
und Partydrogen schlucken

Zu viele dicke Schlitten
damit die anderen kieken
Die viel schlucken
darauf kann ich nur spucken

Zu viel zu essen
andere verrecken
Und wir bauen einen Riesen Butterberg
obendrauf einen deutschen Gartenzwerg

Zu viel Lärm und Dreck
der in unseren Köpfen steckt
Statt guten Taten
säen wir lieber Hass in unseren inneren Garten

Zu viel Ego
Die Devise heißt
Zwei drei eins
Meins

Zu viel wegschauen
Anderen was vorkauen
Keine helfende Hand
Reden wir uns lieber um den Verstand

Zu viele Medien die uns küssen
und wir glauben immer mehr haben zu müssen
Die uns ihren Willen aufzwingen
Bis wir ihre Produkte besingen

Zu viel Jugendwahn
um dann ohne plan
uns Botox zu spritzen
und uns das Fleisch aufzuritzen

Zu viel Gewalt der aus allen Ecken hallt
Pistolen Messer keine Seltenheit
Sogar an den Schulen
haben das die Coolen

Zu viel Hass und Krieg
wenn ich um die Ecke bieg
Mensch gegen Mensch bis zur letzten Scherbe
dabei sind wir doch alle nur Kinder von Mutter Erde

Irgendwann einmal

Irgendwann einmal
fotografiere ich die Welt
und zwar nur so wie sie mir gefällt
Irgendwann einmal
erzähl ich dir mein Leben
mit all den gelaufenen Wegen
Irgendwann einmal
werde ich ans andere Ende der Welt fliegen
um im Meer links abzubiegen
Irgendwann einmal
erfülle ich mir meine Träume
und umarme alle Bäume
Irgendwann einmal
mach ich die Nacht zum Tag
und mach alles was ich mag
Irgendwann einmal
Irgendwann einmal
Irgendwann einmal
Doch warum irgendwann einmal
und nicht heute
Nicht hier und jetzt und sofort
Nimm deine Kamera
Lass mich deine Geschichte hören
während das Flugzeug uns zum Anfang der Welt fliegt
Öffne deine Augen um zu sehen wie dein Traum aussieht
Lass dein Herz so hell scheinen wie die Sonne
damit die Nacht denkt es sei Tag

Streiche endlich das Wort irgendwann einmal aus deinem Kopf
und ersetze es durch jetzt und sofort

FREIHEIT

-Inspiriert von vielen Künstlern-

Was bedeutet FREIHEIT?
Wie kann man FREIHEIT beschreiben?
Kann man es besingen, rappen oder dichten?
Gibt es eine Definition dafür?
Kann man FREIHEIT eingrenzen?
Nein!
Freiheit bedeutet lieben und leben wie jeder will
Frei auf jeder Strasse in jedem Land gehen
Sagen und schreiben ohne Überwachung
Reisen und die Welt entdecken ohne Grenzen
Freiheit heißt aber auch Toleranz
Die Freiheit anderer zu respektieren
und die fängt da an
wo die eigene aufhört
Für alle ist Freiheit das größte
Doch leider für viele nur ein Traum
Sie kämpfen Tag für Tag dafür
und siegen doch nicht
Manche laufen hunderte von Kilometer
und kommen nie an
Andere verkaufen alles
Sogar sich selbst für ein Stück Freiheit
Und uns denen es gut geht
Wir treten danach
Wir übertreten die Grenze

und nehmen anderen ihre Freiheit
Also lasst uns alle zusammen kämpfen
Zusammen laufen und alles geben
Damit jeder Mensch von Geburt an
in Freiheit leben kann
Freiheit heißt
Glück			Liebe			Respekt
Frieden	Achtung	Gesundheit
Toleranz		Geben

Für alle Menschen
Vor allem aber für die die Freiheit nicht kennen

Bruder Schlaf

Bruder Schlaf
Wann kommst du endlich?
Wann holst du mich zu dir
In dein Reich?
Bruder Schlaf
Ich warte auf dich
Stunde um Stunde
Nacht für Nacht
Bruder Schlaf
Ich wälz mich hin her
Zerwühle die Laken
und bete auf dein kommen
Bruder Schlaf
Ich bin so einsam hier
So allein
Brauche dich
Bruder Schlaf
Entführ mich
Zeig mir deine Welt
Das bunte Treiben
Bruder Schlaf
Bei dir sind meine Phantasien erlaubt
Da kann ich alles sein

Bruder Schlaf
Lass mich bei dir bleiben
Schick mich nicht wieder weg
Bruder Schlaf
Hörst du mich?

Zu dir

Sie wollen zu dir
Alle, egal welcher Art
Wollen dir gefallen
Dich ansprechen
Von dir gehört werden
Lechzen nach deiner Aufmerksamkeit
Nach deiner Zuwendung
Wollen von dir geliebt werden
Ich kann nichts dagegen tun
Will sie bei mir behalten
Aber sie kämpfen
Hämmern gegen meinen Kopf
Damit ich sie raus lasse
Aufschreibe
Sie befreie
In die Welt entlasse
Um dann den weg zu dir zu finden

Buchstaben

Buchstabe um Buchstabe
reihen sich aneinander
bis Worte daraus werden
Sie tanzen und springen, hüpfen
bleiben stehen
Jeder will der erste sein
Jeder will Sinn ergeben
Sie kämpfen
streiten um Aufmerksamkeit
lechzen nach Anerkennung
Wollen gehört, gelesen werden
Doch einzeln
erzählen sie nichts
Nur zusammen sind sie schön
Sie müssen sich an die Hand nehmen
um eine Geschichte zu formen
Müssen die anderen akzeptieren
Sich lieben
Erst dann
sind sie eine Einheit
Erzählen uns eine Geschichte oder eine Fabel
Singen uns was vor
oder reimen uns ein Gedicht
Die Vielfalt ist so groß
Sie können uns was von der Welt offenbaren
Von fremden Ländern und Menschen
oder von Gefühlen

Wie Liebe Hass Zorn
Von Mut und Heldentum
Oder von Eifersucht und dunkler Magie
Und dann
Ist es für uns eine Freude sie zu lesen
Wir können sie fühlen
Uns in sie hinein versetzen
Verstehen was sie uns sagen wollen
Wir weinen vor Glück
oder auch weil sie uns traurig machen
Wir lieben sie
ohne sie wären wir nichts

Versunken in eine andere Welt

Und wieder schreibe ich Buchstabe um Buchstabe aufs Papier
Bilde Sätze von Bedeutung
manchmal aber auch Absätze die bedeutungslos sind
Versinke mit jedem Wort jeder Zeile in eine andere Welt
Schreibe Verse die sich reimen
Anekdoten über meine Kindheit
Und erotische Gedichte von nackten Körpern
Versinke mit jedem Satz jedem Kapitel in eine andere Welt
Ich träum mich in ferne Länder die ich noch nie betrat
Lerne Menschen kennen deren Sprache ich nicht spreche
Rieche und schmecke Unbekanntes
Versinke mit jeden Namen jeden Ort in eine andere Welt
Diese Welt gehört nur mir allein
Sie ist meine Zuflucht
Meine einsame Insel
In ihr kann ich sein wer ich will
Ein kleines Mädchen
Oder eine Künstlerin
Sogar Königin von meiner anderen Welt
Ich kann in ihr tun was ich will
Wovon ich immer schon träumte
und mich nie traute zu machen
Doch irgendwann muss ich meine andere Welt verlassen
Wieder auftauchen in die reale Welt
Mutter Ehefrau Tochter sein

Muss meine Kinder umsorgen
Mich um lästige Hausarbeit kümmern
Doch meine andere Welt ist bei mir
Ich trage sie in mir
In meinem Herzen
Und wenn alles mal wieder zu viel wird
Lasse ich mich in sie fallen
und versinke für eine Weile in sie
In meine andere Welt

Das Leben

Der Job
Die Kinder
Der Haushalt
Und das Leben bleibt auf der Strecke
Diskussion über Aufgaben
Streit um Geld
Ärger im Büro
Und das Leben bleibt auf der Strecke
Bürokratie
Hort und Schule
Krankheit
Und das leben bleibt auf der Strecke
Wann haben wir das letzte mal geredet?
Dem anderen zugehört?
Wann haben wir zuletzt zusammen gelacht?
Sind zusammen ausgegangen?
Das Leben bleibt auf der Strecke
Wann haben wir uns das letzte Mal richtig geliebt?
Uns treiben gelassen?
Wann haben wir für den anderen gefühlt?
Den anderen Aufmerksamkeit geschenkt?
Das Leben bleibt auf der Strecke
Mit Job, Kind und Haushalt
Mit Diskussionen, Ärger und Streit
Lass uns anhalten
Innehalten

Lass das Leben nicht an uns vorbei rasen
Uns nicht übersehen
Lass es uns festhalten
Auskosten
Lass es uns genießen
Jede Stunde jede Minute
Lass uns lieben uns fühlen
Zusammen reden und zuhören
Uns Aufmerksamkeit und Zeit schenken
Lass uns endlich wieder zusammen leben

für Oli

Reise

Kommst du mit mir auf eine Reise?
Wir suchen uns ein paar Buchstaben als Weggefährten
Lassen uns von Wörtern treiben
und ruhen auf den fertigen poems
Die Straße die wir laufen ist gepflastert mit Zeilen
Noch unbekannt und nicht zusammen hängend
Doch bald schon fügen sie sich zu einen ganzen
und werden unsere Freunde
Sie zeigen uns die Richtung
Helfen uns nicht vom Weg abzukommen
Damit wir noch mehr Zeilen einsammeln können
Irgendwann werden wir
angekommen sein
Unsere Rucksäcke voll mit wundervollen Geschichten
In unseren Köpfen die Bilder der Reise
und unsere Herzen voll mit Liebe

Gib niemals auf

Auch wenn das Meer noch so tief ist
der Berg zu hoch
der Gipfel unerreichbar scheint
Gib niemals auf
Auch wenn die Sonne dein Körper verbrennt
der Wind dich in eine andere Richtung drängt
dich nicht vorwärts lässt
Gib nicht auf
Auch wenn alle Stimmen gegen dich sprechen
die Vernunft dir anderes zuflüstert
dir deinen Kopf verdreht
Gib niemals auf
Auch wenn du keine Kraft mehr hast
dein Körper dir sagt du kannst nicht mehr
sich dir verweigert
Gib nicht auf
Laufe weiter
Geh deinen Weg
Hör auf dein Herz
und kämpfe
für das was du liebst und dir wichtig ist

für Steven

Liebe Liebe

Warum liebe Liebe bist du so kompliziert?
So schwierig?
Du bist essenziell
Wir brauchen dich
Aber warum liebe Liebe müssen wir um dich kämpfen?
Warum tust du so weh?
Du bist das wichtigste
Ohne dich wären wir nicht hier
Doch warum liebe Liebe bist du manchmal unerreichbar?
So weit weg?
Du bist unser Lebenselixier
Wir können nicht ohne dich sein
Liebe Liebe warum nur haben dich manche verloren?
Dich verstoßen?
Du bist so groß
und überall
Und warum liebe Liebe müssen dich manche verstecken?
Dich verheimlichen?
Du solltest frei sein
und von allen gelebt werden können

Die Nacht geht - der Morgen kommt

Die Nacht geht
und mit ihr die Hitze
Der Morgen kommt
Und bringt den Regen mit
Er spült das Feuer von meinem Leib
Und der Wind der kommt
weht die nächtlichen Phantasien hinfort
Mein Kopf ist wieder wach
und übernimmt das Sagen
Zeigt mir was zu tun ist
Erledigt Aufgaben
und regelt das Leben
Aber nur
bis der Tag geht
und die Nacht wieder kommt
Dann schläft er ein
und mit ihm mein Pflichtbewusstsein
Die Hitze erwacht in mir
und mit ihr meine Phantasien
Sie zeigen die schönsten Bilder
von nackten Körpern
und Händen die Wörter malen
In sämtlichen Farben und Sprachen
Wörter die unter die Haut gehen
und ich wünsche mir, das die Nacht niemals endet

Motorrad

Ich bin erregt
doch bewegt kein Mann meine Gefühle
Sondern das kühle Metall
auf das ich aufsteige
drauf gleite
Und wenn ich dran denke
wie meine Schenkel sich eng anschmiegen
und meine Hände danach gieren
alles im Griff zu haben
Die Vibrationen durch mein Körper jagen
Überkommt mich ein heißer Schauer
Der, genauer hingesehen, mich ganz und gar einnimmt
Mich verschlingt
Meine Seele mit sich reißt
Sich verbeißt in meinen Gedanken
bis ich eins bin
mit dem Wind
Nur noch ihn spüre
Fühle, wie es ist frei zu sein
und kein schlechtes Gewissen zu haben
Sondern der Welt Hallo zu sagen

Draußen bleiben

Alles muss heute draußen bleiben
denn ich bleib heute drin
Versteck mich
in meiner Höhle aus Bett und Decken
Zieh die Rollos runter
will es ganz dunkel
Ganz leise
Alles muss heute draußen bleiben
denn ich bleib heute drin
Suhl mich ein wenig im Selbstmitleid
weil ich nicht das erreicht hab
was ich wirklich wollte
Oder immer wieder das haben möchte
was ich nicht hab
Gib mich ganz meinen Gedanken hin
meinen Träumen
Meinen Sehnsüchten
die nicht sein dürfen
Die eben nur in meinem Kopf leben
Alles muss heute draußen bleiben
denn ich bleib heute drin
Kein Besuch
Keine anrufe
Ich will heute nicht zuhören
und schon gar nicht reden
Will keine klugen Ratschläge
kein Radio oder Berieselung des Fernsehers

Das Einzigste was ich will, ist Ruhe
Stille und Dunkelheit
Alles muss heute draußen bleiben
denn ich bleib heute drin

Wege des Lebens

Unsere Wege sind nicht immer eben
Nicht immer gut asphaltiert
Wir müssen berg auf und berg ab
Es gibt Stolpersteine
Und Löcher auf den Weg des Lebens
Wir können nicht immer träumend
in den Himmel guckend durch die Welt laufen
Müssen mal springen mal vorsichtig sein
Es geht auch mal langsam
wie bei einer Schnecke voran
Und dann sind wir schnell wie ein Panter
Wir fallen, weil wir die Steine nicht gesehen haben
die wir selbst oder auch andere uns in den Weg gelegt haben
Dann müssen wir uns aufrappeln
weiter gehen
Auch wird es tiefe Löcher geben
in die wir fallen
und glauben, das wir da nicht mehr rauskommen
Doch irgendwie geht es
Wir müssen es versuchen
Immer wieder
Dürfen nicht aufgeben
Nicht kapitulieren
Es gibt so viel schönes auf den Wegen
und neben den Wegen

Es lohnt sich die Mühe
Die schmerzen des Lebens auf sich zu nehmen
Wir werden soviel erleben
sehen fühlen, damit das Herz immer weiter macht
Und wenn wir dann Menschen um uns haben
die uns Teile des Weges begleiten
uns aus den Löchern helfen
oder uns vor Steinen bewahren
mit uns hohe berge erklimmen,
dann ist der Weg des Lebens
nicht mehr so schwer
weil wir nicht alleine sind
Sondern Liebe und Zuneigung spüren
und das ist was wir brauchen um zu leben

Das ewige Wort

Es bleibt
Steht aufrecht
Nichts kann es umhauen
Einreißen
Keiner kann es zerstören
Das Wort ist ewig
Was einmal gesagt
Geschrieben ist
Bleibt
Zurück nehmen
Geht nicht
Jedes Wort
Brennt sich ein
In Herz und Seele
Das Wort ist ewig
Also sei bedacht
Auf jedes Wort
Was dein Mund verlässt
Lass sie nicht
Einfach raus
Denk drüber nach
Und entscheide weise
Über deine Wörter
Das Wort ist ewig
Du kannst Brücken bauen
Welten zerstören
Herzen höher schlagen lassen

Seelen schwarz färben
Dich zum Einsiedler
Oder König machen
Kannst angreifen
Oder verteidigen
Liebe schenken
Aber auch
Schmerzen zufügen
Das Wort ist ewig
Und heilig

Eine Zeit ...

Es gibt eine Zeit für Streit
Eine Zeit für Traurigkeit
Für Wahrheit

Es gibt eine Zeit für Wut
Eine Zeit für Mut
Für "alles wird gut"

Es gibt eine Zeit für Fehlschläge
Eine Zeit für Rückschläge
Für träge sein

Es gibt eine Zeit für Hoffnung
Eine Zeit für Begegnung
Für Bewegung

Es gibt eine Zeit für lachen
Eine Zeit für schöne Dinge machen
Für kaputte Sachen

Es gib eine Zeit für verlieren
Eine Zeit für diskutieren
Für nach vorne schieben

Es gibt eine Zeit für Einsamkeit
Eine Zeit für Vergangenheit
Für Zweisamkeit

Es gibt eine Zeit für leere Gedanken
Eine Zeit für ab und zu wanken
Für miteinander zanken

Es gibt eine Zeit für alles fühlen
Eine Zeit für den anderen spüren
Für zu Tränen zu rühren

Es gibt eine Zeit für das Leben leben
Eine Zeit für nach Glück zu streben
Für geben und nehmen

Es gibt eine Zeit für weinen
Eine Zeit für sich zu vereinen
Für auch mal laut zu schreien

Es gibt eine Zeit für Versagen
Eine Zeit für was Neues wagen
Für die Meinung sagen

Aber immer gibt es Zeit für Liebe

Mein Schreiben

Das Schreiben ist für mich nicht nur
Buchstaben aneinander reihen
oder Wörter reimen
Nein es ist mein Seelenheil
weil ich dadurch leb
Ist die Substanz meines Denken
Gefühle zu verschenken
Mein täglich Brot
Mal Rot wie die Liebe
oder auch schwarz vor Schmerz
Schreiben ist Licht für mein Herz
Mut für mein Schaffen
Kraft mich auf zu rappen
Mein wahres ich
Gesicht ohne Maske
Schreiben beruhigt meinen inneren Sturm
Ist mein Turm der Ruhe
Die Wahrheit meines Selbst
Eine helfende Hand wenn du fällst
Schreiben ist Teil meines Lebens
Um immer nach neuen poems zu streben

Zerrissenheit einer Mutter

Ich will dich loslassen
Dir Selbständigkeit beibringen
Den Weg weisen
Für ein eigenes Leben
Doch wenn deine Augen weinen
Du dich an mich klammerst
Und deine kleine Stimme nach mir ruft
Ist es schwer für mich
Mein Herz tut weh
Und ich bin hin und her gerissen
Will dich fest halten
Dich beschützen
Bei dir sein
Dich nicht loslassen
Doch ich weiß
Das du das auch lernen musst
So wie das Greifen mit deinen Händen
Das Laufen mit deinen kleinen Beinchen
Sprechen damit du dich verständigen kannst
So musst du lernen ohne mich zu sein
Deinen eigenen Weg zu gehen
Und ich muss lernen
Das du ein kleiner eigener Mensch bist

für Pascal

Hallo Erde

Hallo Erde
Wie geht es dir?
Du weinst!
Weil deine Eisberge schmelzen
und die Menschen zu sehen
Immer mehr Touristen in die Arktis schiffen,
um deine Tränen zu fotografieren
Hallo Erde
Wie geht es dir?
Dir ist heiß!
Weil Torfplantagen niedergebrannt werden
Nur um noch mehr Palmölfelder anzubauen
Für noch mehr Profit
Hallo Erde
Wie geht es dir?
Du schreist!
Weil deine Tiere getötet und gequält werden
Wegen neuer Kosmetika und mehr Vielfalt in den
Regalen
Für Trophäen über dem Kamin
Hallo Erde
Wie geht es dir?
Du rufst um Hilfe!
Weil deine Lebensquellen ausgeraubt und verdreckt
werden
Wie deine Urwälder, deine Flüsse, Seen
und deine Atmosphäre

Hallo Erde
Wie geht es dir?
Du machst die Augen zu!
Weil so viele Menschen die Augen verschließen
vor Ungerechtigkeit und Diskriminierung
und Korruption
Hallo Erde
Wie geht es dir?
Du verstummst!
Weil es so laut geworden ist in deinen Städten
Und der eine den anderen nicht mehr zuhört
Nur noch sich im Blick hat

Hallo Erde
Wie geht es dir?
Du bist übersät mit Narben!
Weil überall Krieg herrscht
Durch Bomben alles zerstört wird
und keiner aus der Vergangenheit lernt
Hallo Erde
Wir lieben dich
Und es gibt ganz viele die versuchen dich zu retten
Doch du musst nicht gerettet werden
Sondern die Menschheit
Hallo Erde
Bitte hab noch ein wenig Geduld mit uns

Eine Welt

Können wir nicht endlich aufhören
in Grenzen und Ländern zu denken?
Aufhören nach Religionen zu sortieren?
Dieses schwarz-weiss Denken abzulegen?
Wir sind eine Welt
Sind alle Menschen
mit nur einem Leben
Haben es nicht alle verdient
ein Dach über dem Kopf zu haben?
Ohne knurrenden Bauch sich schlafen zu legen?
Ein Leben zu führen ohne Angst?
Wir sind alle eine Welt
Sind alle Menschen
mit nur einem Leben
Können wir nicht endlich aufhören
nach immer mehr Macht und Habe zu gieren?
Aufhören andere in falsche Richtungen zu lenken?
Hass und Hetze zu verbreiten?
Wir sind alle eine Welt
Sind alle Menschen
mit nur einem Leben
Haben es nicht alle verdient
frei zu sein?
Glauben und beten zu können wie es ihnen gefällt?
Ihr wahres ich nicht zu verstecken oder gar zu leugnen?

Wir sind alle eine Welt
Sind alle Menschen
mit nur einem Leben
Lasst uns endlich wie in einer Welt leben
Lasst uns endlich wieder menschlich sein

zum gedenken an die Anschläge von Paris am 13.11.15

Eine andere Welt

Diese Welt für einen Moment verlassen
abtauchen in eine andere, schönere Welt
Eine Welt aus Worten gebaut
mit echten Gefühlen gestützt
Mit Menschen besiedelt, die nichts böses im sinn haben
jeder für den anderen da ist, ohne was dafür zu wollen
Eine Welt die von liebe existiert
und nicht von Geld und Gier
Lass mich noch ein wenig hier verweilen
bis ich wieder zurück muss in die reale Welt
Lass mich die Worte lauschen
fühlen was echt ist
und die wahre Liebe aufsaugen,
damit ich da, wo ich wieder hin muss
leben kann
Lass mich all das mitnehmen,
um vielleicht ein wenig zu verändern
Damit die Menschen sehen, spüren und hören können
wie es in einer anderen Welt sein könnte, wenn sie doch nur wollten
und endlich aufhören würden starrsinnig zu denken und zu handeln
Stattdessen sollen sie anfangen zu lieben und zu leben

Warum?

Warum musst du erst ein Schicksalsschlag erleben
Die Erde beben
Bist du merkst das das Leben nicht unendlich ist?

Warum muss erst ein anderer sein Leben lassen
Und du dich selber hassen
Bist du merkst das das Leben nicht unendlich ist?

Warum muss dich eine Krankheit erst niederstrecken
Dich der Krankenwagen wecken
Bist du merkst das das Leben nicht unendlich ist?

Warum muss erst der Teich überlaufen
Du dich fast zu Tode saufen
Bist du merkst das das Leben nicht unendlich ist?

Warum musst du erst alles riskieren
Alles verlieren
Bist du merkst das das Leben nicht unendlich ist?

Warum musst du erst taub stumm blind werden
Dein Arm übersät sein mit Kerben
Bist du merkst das das leben nicht unendlich ist?

Warum muss erst alles nieder brennen
Du um dein Leben rennen
Bist du merkst das das Leben nicht unendlich ist?

Warum musst du erst am Boden liegen
Und einen Herzinfarkt kriegen
Bist du merkst das das Leben nicht unendlich ist?

Aufgewacht - wach endlich auf!
Das Leben ist endlich - also lebe endlich!

Du bist

Du bist nicht schön
Weil du dünn bist
Oder ein makelloses Gesicht hast
Du bist schön wenn du lächelst
Oder deine innere Ruhe gefunden hast

Du bist nicht klug
Weil du Bücher liest
Oder eine Privatschule besuchst
Du bist klug wenn du wissbegierig bist
Oder andere um Hilfe bittest

Du bist nichts Besonderes
Weil du Markenklamotten trägst
Oder ein teures Auto fährst
Du bist was Besonderes wenn du lieben kannst
Oder anderen hilfst die es allein nicht schaffen

Du bist nicht stark
Weil du einen Schwächeren schlagen kannst
Oder einen mit dem Messer bedrohst
Du bist stark wenn du auch mal Nein sagen kannst
Oder deine Kraft für was Gutes nutzt

Du bist nicht reich
Weil deine Brieftasche voll Geld ist
Oder du ein Haus hast
Du bist reich wenn du gesund bist
Oder Familie und Freunde hast die dich lieben

Du bist kein Mensch
Weil du zwei Arme und Beine hast
Oder einen Kopf auf deinen Körper trägst
Du bist ein Mensch wenn du denkst
Und alle mit Respekt und Liebe behandelst

Revue

Es gab Worte über Worte
Zeilen über den Regen
und seine Anziehungskraft
Poems übers Schreiben
und allen Buchstaben des Alphabet
Der Spiegel und sein Spiegelbild
wurden von dir und mir gespiegelt
Worte wurden in rot gemalt
mit Liebe und Leidenschaft überschüttet
Doch es gab auch Worte
die schwarz trugen
und die dunkle Seite der Seele widerspiegelten
Lobgesang über die Freundschaft
und Freunde die für einen einstehen
wurden auf weiße Blätter zu Helden
Meine Kinder wurden mit meiner Liebe zu ihnen
und den Worten eingehüllt
Leere Flure wurden verflucht
und auf leere Blätter gesperrt
Der Schlaf wurde herbei geschrieben
und Phantasien nicht nur geträumt
Das Schreiben wurde zum Leben
und das Leben wurde zum Schreiben
Immer dabei die Liebe
die Liebe zum Wort, zum Leben
Das Herz und die Seele
ergaben die fertigen poems

Mit Leben eingehaucht
so wie es ist
Mal leicht wie die Wolken
mal schwer wie die Erde
Hell wie die Sonne
oder dunkel wie die Nacht
Aufgeben und wieder aufstehen
wurden angepriesen
Mit Worten Mut gemacht
um das Leben wieder zu lieben, zu leben
Die Einsamkeit wurde von zwei Seiten beleuchtet
und es kommt drauf an wo man steht
um sie zu schätzen oder zu verfluchen
Und die Muse ...
Sie hat mich wiedergefunden
mich geweckt
Meine Feder gehalten
meine Hand geführt
um mein Herz auf die Blätter des Lebens zu bringen

Buchstaben

Buchstaben, Wortfetzen, die zu Schätzen der Lyrik
werden sollen. Wollen sich noch nicht verbinden mit
meinen Gedanken. Wanken in meinen Kopf umher.
Schwer die Bedeutung zu finden. Winden sich im Licht
der Vergangenheit, der Gegenwart. Hart und weich ihr
Klang. Melodisch der Gesang.
Bang sitz ich da und warte auf die Eingebung.
Auf die Vergebung der Muße.
Habe ich sie doch oft schon verflucht.
Versucht sie zu überlisten. Zu verdrängen.
Warum kann ich sie nicht erkennen?
Enge mich ein. Wein allein in meinem Zimmer.
Hörst du das Wimmern?
Ist es die Muße oder doch nur der klägliche Versuch
Mitleid zu erhaschen?
Verwaschen sind die Wörter auf dem Papier.
Hier sitze ich nun und versuch zu schreiben.
Die Gedanken nicht in die Weite zu entlassen.
Sie zu fassen an ihrer Bedeutung.
An ihrem Schopfe. So wie das Leben.
Erheben sollten wir uns. Aufstehen, aufwachen und uns
nicht gegenseitig auslachen.

Rückblick

Ich habe mich versteckt,
die Welt entdeckt.

Habe geflucht, geweint, gelacht,
meine Gefühle zum Ausdruck gebracht.

Versucht jeden Augenblick zu leben
und nicht im Selben zu vergehen.

Hab getrunken;
bin versunken.

Worte Leben eingehaucht,
abgetaucht.

Ich suchte das Licht
und fand es nicht.

Suchte weiter und weiter
bis der Himmel ward heiter.

Liebte kopflos, gedankenlos,
nur mit dem Herzen,
erntete dafür Schmerzen.

Gab nicht auf, stand auf,
mein Kopf schrie „Lauf".

Um manchen Verlust trauerte mein Herz.
Musste lernen zu leben mit dem Schmerz.

Nicht nur Freunde gewann und verlor ich,
sondern auch manchmal die Sicht.

Mit Leidenschaft gelebt
und nach Glück nur gestrebt.

Dunkel war's in mancher Stunde,
tief so manche Wunde.

Den Tod vor Augen gehabt
und ihn ausgelacht.

Geirrt, verirrt so mancher Gedanke.
Durchbrochen so manche Schranke.

Den freien Willen in der Hand,
doch manchmal mit dem Kopf durch die Wand.

Meine Seele hab ich tief erklungen,
und den Mist der Welt eingeatmet in meine Lungen.

Unter deinem Herzen

Du trugst mich Monate unter deinem Herzen
Trugst mich auf deinem Arm
Und hieltest mich an deiner Hand
Zeigtest mir die Welt
Das Leben
Lehrtest mich laufen
Sprechen
Und sehen
Hieltest Wache an meinem Krankenbett
Vertriebst die Monster
Und trocknetest meine Tränen
Gabst mir Zeit
Aufmerksamkeit
Und deine grenzenlose Liebe
Egal ob wir ganz eng beieinander waren
Oder böse Geister uns trennten
Immer war ich in deinem Herzen
Und du in meinem
Denn ich bin deine Tochter
Und du meine Mama
Auf ewig

für Mama

Mutter - Tochter
Tochter - Mutter

Liebe gebend, Liebe nehmend.
Vertrauen schenken.
Arme offen,
manchmal doch entfernt.
Zwei Menschen,
verbunden durch die Zeit.
Mutterherz schlägt immer auch
fürs Tochterherz.
Verstehen entsteht richtig erst
durchs neue Leben.
Die Stunden des Lichts
sollen überwiegen.
Die Stunden der Dunkelheit
verfliegen.
Worte
sollen Kraft geben
nicht nehmen.
Offen
beide
für einander
miteinander.

VATER

Immer wieder diese
Missverständnisse
zwischen uns.

Kannst Du mir nicht
offen sagen,
was Du fühlst und denkst?

Kann ich Dir nicht
sagen,
was mich beschäftigt
und was ich will?

Hör mir zu
Vater
ich liebe Dich
und
ich weiß,
dass Du mich auch liebst!

Lass es uns ändern,
zusammen.

Eine andere Welt

Diese Welt für einen Moment verlassen.
Abtauchen in eine andere, schönere Welt.
Eine Welt aus Worten gebaut,
mit echten Gefühlen gestützt,
mit Menschen besiedelt, die nichts Böses im Sinn haben.
Jeder für den anderen da ist, ohne was dafür zu wollen.
Eine Welt die von Liebe existiert,
nicht von Geld und Gier.
Lass mich noch ein wenig hier verweilen,
bis ich wieder zurück muss in die reale Welt.
Lass mich der Worte lauschen.
Fühlen was echt ist.
Die wahre Liebe aufsaugen,
damit ich da, wo ich wieder hin muss
leben kann.
Lass mich all das mitnehmen,
um vielleicht ein wenig zu verändern.
Damit die Menschen sehen, spüren und hören können
wie es in einer anderen Welt sein könnte, wenn sie doch
nur wollten,
und endlich aufhören würden starrsinnig zu denken, zu
handeln.
Stattdessen sollen sie anfangen zu lieben und zu leben.

Wichtig - Nichtig

An welchen Gott du glaubst ist irrelevant.
Und wo du einkaufen gehst uninteressant

Es ist egal in welchen Teil dieser Erde du lebst
oder welche Kopfbedeckung du trägst.

Deine Nationalität ist nur ein Wort.
Wo du lebst nur ein Ort.

Es spielt keine Rolle neben wem du morgens aufwachst.
Auch nicht, wo du bei der nächsten Wahl das Kreuz
machst.

Womit du dein täglich Brot verdienst ist nicht wichtig.
Und die Farbe deiner Augen oder deiner Haut nichtig.

Wichtig ist nur der Mensch allein.
Nicht sein äußerer Schein.

Einzig allein was zählt ist dein Herz
und das du niemanden zufügst Schmerz.

Wir alle sollten dieselben Rechte haben
und uns nicht am Leid anderer laben.

Liebe einen Mensche wie er ist,
dann nimmt auch er dich wie du bist.

Lass „Nächstenliebe" und „Mitgefühl" nicht nur Wörter sein,
sondern bring es in dein Leben, wie essen und schlafen, mit ein.

Gib von dem was du zuviel hast,
denn es wird dir sonst zur Last.

Ein Tag am Meer

Mein Körper schmiegt sich sanft in den Sand.
Kann jeden einzelnen Sandkorn auf meinen Rücken spüren
und fang an mich zu entspannen.

Die Wellen kommen auf mich zu.
Erst spüre ich das wunderbare Nass an meinen Beinen.
Dann umspielt es meinen Po
und dann spüre ich es an meinen ganzen Körper.
Langsam vergesse ich meine Gedanken,
so als würde das Meer sie mit wegspülen.
Und mit jeder neuen Wellen spüre ich die Kraft,
die das Meer mir gibt.

Dann kann ich den Wind auf meiner Haut fühlen.
Ein leichtes Frösteln durchströmt meinen Körper,
doch nicht vor Kälte, sondern vor Erregung.
Der Wind flüstert mir von fernen Orten ins Ohr.
Von der Welt, die entdeckt werden will.

Während der Wind mich davon trägt, an Plätze die ich nicht kenne,
brennt die Sonne sich in mein Herz.
Ganz tief kann ich ihre Wärme spüren und sie wird immer einen
besonderen Platz in meinen Herzen haben.
Auch dann noch, wenn sie längst untergegangen ist.

Ich öffne meine Augen und weiß, dass ich all das nur
geträumt habe.
Und doch kann ich den Sand, das Wasser, den Wind und
die Sonne
spüren, riechen, schmecken und fühlen.
ich brauche nur meine Augen zu schließen, um „einen
Tag am Meer"
zu verbringen.

Der Mensch

Stell dein Auto in eine Ecke.
Leg deine Klunker ab.
Entledige dich deiner Klamotten.
Streif alles ab, was dich verkleidet,
denn das alles bist nicht du.
Dann sieh in den Spiegel was übrig bleibt.
Haut,
egal welcher Farbe, es ist nur Haut.
Knochen,
die mal kleiner und mal größer sind.
Aber es sind immer Knochen.
Haare,
die an deinem Körper wachsen.
Und dann schau dahinter.
Was ist da noch?
Dein Herz,
was zeigt, wer du wirklich bist.
Gefühle,
wie
Glück,
Angst,
Zweifel,
Freude,
Leichtigkeit,
Trauer
und noch viele mehr.
Und weißt du was?

Jeder von uns hat sie.
Und das ist das was uns wirklich prägt
und ausmacht.
Nicht ein fetter fünfer BMW,
keine Klamotten von Hugo Boss
und erst recht nicht eine Sonnenbrille von Gucci.
Doch bevor du das nicht erkennst,
kennst du keinen Menschen wirklich,
der dir gegenüber steht.

Ich sehe du kennst mich nicht

Stehe vor einem Scherbenmeer.
Mehr und mehr mehren sie sich.
Verdunkeln die Sicht.
Das Licht kämpft dagegen an.
Kommt schwer dagegen an.
Wann wird die absolute Finsternis kommen?
Können wir ihr noch entkommen?
Entronnen sind wir uns.
Sonnen möchte ich mich im Licht des Lebens.
Vergebens schreibe ich dir, weil du schier es ablehnst.
Nicht verstehst.
So stehe ich am Anfang, wo ich seh, dass du mich nicht kennst.
Oder nennst du es anders?
Dann sag mir, wohin du wanderst.
Kannst du es nicht? Was versperrt dir die Sicht?
Wer nimmt dir das Licht?
Wie bei Gischt am Meer, stehen wir vor einander und sprechen doch aneinander vorbei.
Verzeih meine Worte.
Ich wähle diese Sorte, weil ich hoff das sie dich erreicht.
Doch leicht ist es nicht.
Tränen rinnen über mein Gesicht.
Brechen das Sonnenlicht.
Schlicht gesagt, ich kann nichts sehen und nicht verstehen.
Und doch lass ich es geschehen.

Ein weißes Blatt Papier - 1

Ein weißes Blatt Papier, starrt schier mich an, und sagt wann willst du mich beschreiben
und nicht nur Grimassen schneiden.
Nein Leiden will ich nicht haben, sondern labe dich an dem Schönen des Lebens. Versuche sind nicht vergebens, wenn du nur genug Mut und Kraft aufbringst und nicht immer um alles ringst.
Sieh die Sonne, sie strahlt und es ist ihr eine Wonne. Sie tut es Tag für Tag. Sieh hinauf, wag es. Sag es.
Du willst leben, und nicht nur dumm in der Gegend umher stehen. Sehen, riechen, schmecken, mit allen Sinnen sich recken. Zum Himmel empor. Vor vor und nicht zurück, denn da ist das Glück. Ein Stück ist für jeden da, der es zu schätzen weiß. So sei's.
Benutz keine List. Denn das wird dir nichts nützen. Du kannst dich nicht darauf stützen. Sondern vertrau deinem Innern und hör auf zu wimmern.
Es gibt so viele, die sich danach sehnen, streben, dein Leben zu führen. Zu spüren, wie es ist keine Angst zu haben.
Schlafen, in einem Bett und nicht auf dem Boden, der so hart ist wie ein Brett.
Schnell, spring auf, bleib nicht liegen, duck dich nicht.
Die Sicht zeigt dir das Licht.
Folge ihm, behüte es wie einen wertvollen Schatz. Es wird dir nicht fallen zur Last, so wie Gold, das andere als

Schatz sehen, empfinden und sich wie eine Schlange drum winden.

Sich damit behängen von Kopf bis Fuß, um dann kopflos, gehirnlos durch die Strassen zu wandeln. Nicht mehr fähig menschlich zu handeln.

Denke ich mir und schau noch immer auf das weiße Blatt Papier. Das hier vor mir liegt und siegt über meine Gedanken.

Sind sie es wert? Oder ist es verkehrt, sie nieder zu schreiben?

Nein! Ich lass mich treiben von den meinen. Lass sie raus die Wörter, damit ihr sie hört. Nehmt sie auf, baut drauf, vertraut drauf. Ich bin drauf und dran sie laut raus zu schreien. Weinen, mag ich nicht mehr. Das Leben wirklich leben ist das wonach ich mich sehne, das ist mein Weg, den ich geh. Geh ein Stück mit mir. Steh an meiner Seite und sieh die Bandbreite, die diese Welt für uns bereit hält.

Und fällt auch mal ein Stein, lassen wir uns nicht beirren. Auch wenn Zweifel um uns schwirren. Schreiten, gleiten, fighten wir voran, denn sodann ist wieder ein Augenblick verstrichen.

Nicht nach anderen richten. denken, handeln, wie sie es wollen. Denn wir sind Freidenker, und keine Henker von freien Gedanken. Lassen uns nicht in Schranken weisen, die andere leise in ihren Kreisen aushecken.

Verstecken können wir uns nicht, denn wir werden alle sterben irgendwann.

Das steht fest von Anfang an.

Weißes Blatt Papier - 2

Noch immer liegt das weiße Blatt Papier vor mir
Starrt schier mich an
Um dann von mir beschrieben zu werden
Um das zu kriegen was es will
Buchstaben, Worte
Von der Sorte, die Gefühle haben
Die was aussagen
Was vortragen
Zeile um Zeile füllt sich mit Sätzen
Bis zur aller letzten
Füllt sich mit Gedanken von Kranken köpfen
bis hin zur erotischen Ode
Ein weiteres Blatt Papier gesellt sich zu mir
Und giert danach
Mit Worten gestaltet zu werden
Doch küsst die Muse mich nicht unentwegt
Sondern erregt so manchen anderen Geist
Doch meißt ist sie ganz nah.
Wie ich nun weiß

Der Tod

Ich habe den Tod gesehen.
Seht ihr ihn nicht?
Da drüben steht er in voller Größe,
schneidet Fratzen,
lacht hämisch.
Hört ihr das denn nicht?
Er will mich holen,
mitnehmen in seine dunkle Welt.
Will mich nicht bei euch lassen.
Wo seid ihr?
Lasst es nicht zu, dass er mich fort holt!
Er kommt näher.
Streckt seine Arme und Hände nach mir aus.
Ich will fliehen.
Spüre wie meine Beine sich bewegen,
aber ich komme nicht weg von diesem ort.
Seine Hände, sie berühren mich.
Sie fühlen sich warm an,
angenehm.
Das kann nicht sein;
er ist doch der Tod.
Er müsste kalt und eklig sein.
Seine Wärme durchströmt meinen Körper,
fühle mich so leicht, als könnte ich fliegen.
Hmmm, er riecht gut.
Will ihn mehr spüren.

Nimm mich mit,
zeig mir dein Reich.
Er hat mich eng an sich gezogen.
Ich gehe freiwillig.
Sehe nicht mehr seine Fratze,
nur noch seine dunklen Augen,
die mich fesseln.

Die Strafe für Vergewaltigung

Sie ist dreizehn.
Du stiehlst sie.
Ihren Eltern.
Stiehlst ihr,
ihre Freiheit.
Ihre Kindheit.
Zerstörst sie.
Ihren Glauben.
Machst kaputt
ihre kleine Seele.
Schundest
ihren Körper.
Erstickst
ihre Schreie im Keim.
Keine Chance
hat sie.
Kein Entkommen
für sie.
Sie ist dreizehn.
Und noch ein Kind.
Du nimmst ihr
alles.
Zerstörst
alles in ihr.
Sie kriegen Dich.
Haben Dich.
Stecken dich in den Knast.

Doch fesseln
tun sie dich nicht.
Man sagt,
deine Menschenrechte
müssen gewahrt bleiben.
Doch welche Rechte
hatte sie?
Keine,
denn du hast sie ihr alle genommen.
Und zum Hohn aller,
zum Schrecken von ihr,
versuchst du zu fliehen.
Stellst dich aufs Dach.
Ein gute Höhe
zum Springen.
Läufst umher, grinsend,
zum reinschlagen.
Im Blickpunkt,
Fordergrund.
Ein gutes Ziel
zum erschießen.
Noch mehr Show
die ganze Nacht.
Eine gute Nacht
zum erfrieren.
Doch nichts geschieht.
Kein Sprung.
Kein Schuss.
Kein Schlag.

Dafür aber
gibt es eine Decke
und heißen Tee.
Was für ein System?
Doch das
war's noch nicht.
Nein, das Spiel
geht weiter.
Verhandlung vertagt.
Warum?
Du seiest müde!
Lachhaft.
Wer hat dich gezwungen
die ganze Nacht wach zu sein?
Wer gezwungen
aufs Dach zu steigen?
Doch du hast ihr
deinen Willen aufgezwungen.
Sie gefesselt, gequält, misshandelt.
Sie ist am Boden,
am Ende.
Und du bekommst
heißen Tee.
Wo ist die Gerechtigkeit?
Wo der Schutz für sie?
Noch immer keine Verhandlung.
Dafür wieder ein Trick von Dir.
Hältst die Luft an.

Leider nicht lang genug,
damit du qualvoll erstickst.
Nein, nur so lange
damit alle wieder um dich stehen.
Krankenwagen.
Neuer Fluchtversuch.
Doch du bist entlarvt.
Sie sind hinter dein Spiel gekommen.
Aber ihr nützt es nichts.
Sie lebt nur noch in Angst.
Kann nicht schlafen.
Nicht in Ruhe leben.
Wird verfolgt von Albträumen,
und die neusten Nachrichten von Dir.
Will auch fliehen.
Doch warum sie?
Dieses Kind,
sie hat niemanden was getan.
Man sollte dich quälen,
wie du es bei ihr getan hast.
Dich Leiden lassen.
Fesseln.
Dir deine Freiheit nehmen.
Deine Rechte.
Dich zerstören, zerstückeln.
Damit du niemanden mehr
so etwas antun kannst.

Sehnsucht

Sie tut so weh,
dass ich mich kaum bewegen kann.
Schnürt mir die Kehle zu,
so dass ich glaube zu ersticken.
Ich schließe die Augen,
doch es wird nicht besser.
Sehe Bilder,
die mich erschrecken.
Höre stimmen,
die nicht da sein sollten.
Regungslos,
blind
und taub.
So sitze ich da
auf meinem Stuhl
in meinem Büro.
an einem Ort,
wo ich nicht sein möchte
und komme doch nicht weg.
Sie erfasst meinen ganzen Körper,
meine Gedanken.
Nimmt mich mit
und keiner hört meine Schreie.
Keiner sieht meinen Kampf,
den ich mit ihr führe.

Hin und her gerissen,
wo soll ich hin,
was soll ich tun.
Lasst mich alle in Ruhe.
Lasst mich allein mit ihr.
So sehr sie mich auch verletzt und unterdrückt,
so sehr liebe ich sie und brauche sie zum leben.
Zum überleben in dieser
manchmal ach so heilen Welt

Todestag

Dein Todestag jährt sich nun zum siebten Mal.
Die Stadt liegt im tristen grau.
Der Himmel weint erneut.
Seine und meine Tränen mischen sich
auf meinem Gesicht.
Wenn ich meine Augen schließe,
kann ich dein Lachen sehen.
Und der Wind trägt deine Stimme
an mein Ohr.
Mein Gesicht erhellt sich.
Der Himmel lässt sich überzeugen
und langsam kommen Sonnenstrahlen hervor.
Meine Traurigkeit über deinen Tod unterliegt
der Freude dich kennen gelernt zu haben und
ein Stück des Lebens mit dir gegangen zu sein.
Dafür sage ich dir durch den Wind danke.

für Philipp Rothe

Licht

Ich wandle wie in Trance durch die Nacht.
Suche das Licht, das über mich wacht.
Erloschen ist es noch nicht,
jedoch gering ist die Sicht.
Hilf mir es zum lodern zu bringen,
es muss uns einfach gelingen.
Hier und jetzt darf es noch nicht enden,
der Schein des Lichts flackert an den Wänden.
Lass mich hier noch ein wenig verweilen,
wenn es Zeit ist, werde ich zu dir eilen.
Will meine liebe denen schenken,
die nicht aus Berechnung denken.
Werde dein Lachen und deine Liebe in mir tragen
und wenn es mir schlecht geht deinen Namen sagen.

für Philipp Rothe

Tränen

Der Himmel weint mit uns.
Weint um Dich.
Denn Du hast verloren.
Dein schwerer Kampf
endet hier am grab.
Trauer
Hilflosigkeit
Fassungslosigkeit
steht in den Gesichtern geschrieben.
Tränen fließen,
mischen sich mit dem Regen.
Am Ende des Tages
sind die Tränen des Himmels
getrocknet.
Jedoch nicht die Tränen
der Menschen
die Dich lieben.

für O.M.

Für O. M.

Dreiundzwanzig.
Jung.
Gerade Mann.
Die Welt
noch nicht gesehen.
Noch nicht erobert.
Wunder
kennst du nicht.
Dafür
das Böse.
Krebs.
Er kam.
Fragte nicht.
Nahm
deinen Körper.
Lässt nicht los.
Nimmt dich mit.
Wohin?
In die Finsternis?
Ins Licht?
Keiner weiß es.
Doch alle weinen.
Trauern.
Beten.
Hoffen.
Gedanken
sind bei dir.

Die Stille des Todes

Ich sitze hier
und kann das eben Gehörte nicht glauben.
Bin nicht bei dir.
Es ist, als würde man mir meine Sinne rauben.

"Er ist mit dem Motorrad zu Tode gekommen"
höre ich deinen Vater noch immer sagen.
Bin ganz benommen,
in meinem Kopf schwirren so viele Fragen.

Vor ein paar Tagen hörte ich dich noch lachen.
Wir redeten Stunden
und ich ließ dich Scherze machen.
Hatte wieder einen Freund gefunden.

Wartend auf ein Anruf von dir
sitze ich da mit tausend Fragen.
"Tut mir leid, war nur ein Scherz von mir"
höre ich dich im Geiste sagen.

Doch das Telefon,
es klingelt nicht,
gibt von sich kein einzigen Ton.
Und es schwindet das Licht.

Ich weine.
Weiß nicht wohin mit meinem Schmerz.
Mir versagen die Beine.
Bis zuletzt bricht mein Herz.

für Philipp Rothe

Verabschiedung vom wir

Solange waren wir ein WIR
die gleichen Gedanken
Gefühle
Schmerzen
wir haben alles geteilt
das Glück und das Leid
es gab uns nur zusammen
eben ein WIR
hätte man uns getrennt,
wären wir gestorben
wir hätten das eigene Leben
für die andere Hälfte gegeben
auch wenn Raum und Zeit
zwischen uns lag,
waren wir zusammen
allein nur durch die Gedanken
am Schluss waren es nicht die anderen
nicht die Welt, nicht die „Bösen",
die uns trennten
es war eine Hälfte, die es entschied
aus welchen Gründen auch immer
die andre Hälfte zerbrach
spürte die Schmerzen nur noch allein
in der ganzen Heftigkeit, eben allein
doch der Schmerz ging, verflog
und das Leben und das Glück
kehrte zu der zerbrochenen Hälfte zurück

es linderte den Schmerz
trocknete die Tränen
und baute es wieder auf zu einem Ganzen
kein wir mehr,
dafür aber ein Ganzes

Loveparade 2010

Musik
Ausgelassenheit
Freude
Tanzen
Verschiedene Nationen
Egal welcher Herkunft
Fremde werden Gleichgesinnte
Werden Freunde
Lachen
Und dann ...
Enge
Verzweiflung
Panik
Keine Luft
Eingesperrt, wie Tiere
Panik
Kein vor, kein zurück
In der Falle
Panik
Und dann ...
Öffnet sich eine kleine Treppe
Hunderte versuchen diese zu erklimmen
Hunderte versuchen vergebens an Wänden hoch zu klettern
Sicherheitszäune werden zur Gefahr
Kippen, fallen
Die Menschen darauf stürzen an die Tiefe

Alle versuchen zu fliehen
Versuchen ihre eigene Haut zu retten
Ihr Leben
Überrennen dabei
Müll
Menschen
Taschen
Egal
Es wird nach vorn gesehen
Nicht nach unten
Nicht zur Seite
Nur das ICH zählt
Luft
Freiheit
Leben
Rettung
Doch nicht für 19 Menschen
Nicht für elf Frauen
Nicht für acht Männer

für alle Tote, Verletzte, Trauernde der Loveparade 2010
und danke allen Göttern dieser Erde, das mein Bruder
dieses mal nicht dabei war

Wenn ich einmal auf der Schwelle stehe

Wenn ich einmal auf der Schwelle stehe
und nicht mehr zurück kehre
möchte ich nicht das ihr weint
Sondern alle vereint
an mich denkt
und mir ein Lächeln schenkt
Tragt kein schwarzes Gewand
sondern lieber ein buch in der Hand
Denkt an die schöne Zeit
und genießt die, die euch noch bleibt
Ich habe Texte geschrieben
für all meine lieben
Habe gelebt und geliebt
und so einiges an Dreck abgekriegt
Habe geweint und manchen Teller zerstört
weil es eben zum Leben dazu gehört
Doch von Geburt an wissen wir
das alles einmal endet hier
Also lasst euch nicht euer Lachen nehmen
sondern lasst uns zusammen feiern das LEBEN
Ihr hier unten auf Erden
und ich auf fliegenden Pferden

Mein siebenjähriger Sohn Philipp hat ein Gedicht für mich, seine Mama geschrieben. Denn er bekam mit, dass ich egal zu welcher Zeit immer wieder am Schreiben war.
Ich versprach ihm, wenn ich einmal ein Buch veröffentliche, dass ich sein Gedicht ebenfalls mit in das Buch nehme.

Und hier ist das erste Gedicht für ihn. Ich war gerührt.

Gedicht von Philipp

Deine Worte sind so schön
wie Sonnenblumen
Und deine Augen sind so hell
wie der Mond
Und ich liebe dich
Ich mag dich
weil du so schön bist
Ich mag dich Mama
Ich mag dich Mama

29.12.2015

So dieses Buch hat jetzt ein Ende gefunden.
Doch es gibt noch viel mehr von mir zu lesen.
Ich werde in Zukunft noch viel schreiben und vielleicht sogar veröffentlichen.
Danke das du dir das Buch gekauft hast und es bis hierher gelesen hast.
Viel Spass beim immer wieder lesen.